Guillaume
Marinette

1 Dose Tomaten

33 Rezepte

Bassermann

Inhalt

Gemüsecreme

VORBEREITEN 10 MIN. | GAREN 40 MIN.

FÜR 6 PERSONEN

1 Zwiebel
4 Knoblauchzehen
2 Karotten
1 Zucchini
2 EL Olivenöl
480 g geschälte Tomaten aus der Dose (Abtropfgewicht), zerdrückt oder 4 frische Tomaten, gewürfelt
½ EL Tomatenmark
1 Messerspitze Cayenne-Pfeffer
Salz, frisch gemahlener Pfeffer
5 Basilikumblätter
2 Stängel Koriander

ZUBEREITUNG

- Zwiebel und Knoblauch abziehen und hacken. Karotten und Zucchini schälen und raspeln.
- Das Olivenöl in einem Topf erhitzen und das Gemüse darin 5 Minuten braten.
- Tomaten, Tomatenmark, Knoblauch und Cayenne-Pfeffer hinzufügen und alles mit Salz und Pfeffer abschmecken.
- Die Kräuter hacken und mit einem halben Glas Wasser zur Gemüsecreme geben. Umrühren und unter regelmäßigem Rühren 30 Minuten köcheln lassen, bis das Gemüse weich ist.
- Heiß oder kalt als Aufstrich oder Beilage servieren.

Kanapees

VORBEREITEN 10 MIN. | GAREN 15 MIN.

FÜR 6 PERSONEN

2 Eier
130 g süße Sahne
60 g Olivenöl
40 g Mehl
70 g körniger Senf
70 g geriebener Gruyère
240 g frische Cocktailtomaten oder Kirschtomaten aus der Dose (Abtropfgewicht)

ZUBEREITUNG

- Den Backofen auf 180 °C vorheizen.
- Die Eier mit Sahne und Öl in einer großen Schüssel verquirlen.
- Mehl, Senf und Käse einrühren und alles gut vermischen.
- Den Teig in kleine Formen füllen und in die Mitte je eine halbe Tomate drücken.
- 15 Minuten im vorgeheizten Ofen backen.

Lamm-Teigtaschen

VORBEREITEN 20 MIN. | GAREN 20 MIN.

FÜR 4 TEIGTASCHEN

1 Rolle Blätterteig (aus dem Kühlregal)
240 g geschälte Tomaten aus der Dose (Abtropfgewicht)
1 EL Olivenöl
3 Stängel Minze, Blätter abgezupft und gehackt
Salz, frisch gemahlener Pfeffer
2 Lammkoteletts, entbeint, gebraten und in Stücke geschnitten
1 Eigelb, verquirlt

ZUBEREITUNG

- Den Backofen auf 210 °C vorheizen.
- Die Tomaten abtropfen lassen. Das Olivenöl in einem Topf erhitzen und Minze und Tomaten zufügen. Wenn die Flüssigkeit verdunstet ist, den Topf vom Herd nehmen und mit Salz und Pfeffer abschmecken. Das Fleisch unterheben.
- Den Teig ausrollen und 4 gleich große Kreise daraus ausstechen.
- In die Mitte jedes Kreises ein Viertel der Füllung geben, dabei einen Rand von 1,5 cm lassen.
- Den Teig über die Füllung falten und die Ränder zusammendrücken.
- Die Teigtaschen mit dem Eigelb bestreichen. Mit einem scharfen Messer ein strahlenförmiges Muster einritzen. Dabei drei tiefe Schnitte machen, damit beim Backen Dampf entweichen kann.
- 20 Minuten im vorgeheizten Ofen backen.
- Heiß oder warm servieren.

Ziegenkäse-Häppchen

VORBEREITEN 15 MIN. | GAREN 20 MIN.

FÜR 6 PERSONEN

1 Knoblauchzehe
480 g geschälte Tomaten aus der Dose (Abtropfgewicht)
1 EL Kräuter der Provence
2 Rollen Blätterteig (aus dem Kühlregal)
1 Rolle Ziegenkäse
2 Scheiben Kochschinken
1 Eigelb, verquirlt

ZUBEREITUNG

- Den Backofen auf 210 °C vorheizen.
- Den Knoblauch abziehen, hacken und mit Tomaten und Kräutern der Provence in einem Topf erhitzen, bis die Flüssigkeit verdunstet ist. Den Topf vom Herd nehmen.
- Den Blätterteig ausrollen und mit einem Glas 8 Kreise daraus ausstechen.
- Vom Ziegenkäse 4 Scheiben abschneiden.
- Auf 4 Teigkreise je 1 Esslöffel Tomatensauce, ½ Schinkenscheibe und 1 Käsescheibe legen. Dabei einen Rand von 1 cm lassen.
- Die belegten Teigkreise mit jeweils 1 weiteren Teigkreis bedecken und an den Rändern gut zusammendrücken.
- Die Küchlein mit dem Eigelb bestreichen.
- 20 Minuten im vorgeheizten Ofen backen.

Windräder

VORBEREITEN 5 MIN. | GAREN 20 MIN.

FÜR 8 WINDRÄDER

2 Rollen rechteckiger Blätterteig (aus dem Kühlregal)
180 g grünes Pesto
2 Kugeln Mozzarella
480 g frische Cocktailtomaten oder Kirschtomaten aus der Dose (Abtropfgewicht)
1 Eigelb, verquirlt

ZUBEREITUNG

- Den Backofen auf 210 °C vorheizen.
- Jede Blätterteigrolle auf Backpapier ausrollen und in je 4 gleich große Quadrate schneiden.
- Das Pesto gleichmäßig auf die Quadrate verteilen, dabei einen Rand von 3 cm lassen.
- Den Mozzarella in 8 Scheiben schneiden und je 1 Scheibe auf das Pesto legen. Die Cocktailtomaten halbieren und jeweils 3–4 Hälften auf die Käsescheiben geben.
- Bei jedem Teigquadrat den Teig von jeder Ecke aus bis zur Füllung in die Mitte einschneiden.
- Jeweils die rechte Seite der entstandenen Dreiecke nach innen falten, sodass ein Windrad entsteht.
- Die Windräder mit dem Eigelb bestreichen.
- 20 Minuten im vorgeheizten Ofen backen.
- Heiß oder lauwarm servieren.

Chorizo-Schnecken

VORBEREITEN 10 MIN. | GAREN 20 MIN.

FÜR 6 PERSONEN

400 g geschälte Tomaten aus der Dose (Abtropfgewicht)
1 EL Kräuter der Provence
Salz, frisch gemahlener Pfeffer
2 Rollen Blätterteig (aus dem Kühlregal)
12 Scheiben Chorizo
1 Eigelb, verquirlt

ZUBEREITUNG

- Den Backofen auf 210 °C vorheizen und ein Backblech mit Backpapier belegen.
- Die Tomaten abtropfen lassen und mit den Kräutern der Provence in einem Topf dünsten. Mit Salz und Pfeffer abschmecken. Wenn die Flüssigkeit verdampft ist, den Topf beiseite stellen und alles mixen.
- Einen Blätterteig ausrollen und ⅔ der Tomatenmischung darauf verstreichen.
- Die Chorizoscheiben darüber verteilen und mit dem zweiten Blätterteig bedecken.
- Mit der restlichen Tomatenmischung bestreichen und die beiden Teigplatten aufrollen.
- Die Teigrolle in 2 cm breite Scheiben schneiden.
- Die entstandenen Teigschnecken auf das vorbereitete Backblech legen und mit dem Eigelb bestreichen.
- 20 Minuten im vorgeheizten Ofen backen.

Frischkäserolle

VORBEREITEN 25 MIN. | GAREN 8 MIN. | KÜHLEN 2 STD.

FÜR 6 PERSONEN

100 g geschälte Tomaten aus der Dose (Abtropfgewicht)
3 Eier
60 g Butter
25 g Speisestärke
150 g Mehl
1 TL Backpulver
1 TL Paprikapulver
2 EL Tomatenmark
7–8 Schnittlauchhalme
250 g Kräuterfrischkäse mit Knoblauch

ZUBEREITUNG

- Den Backofen auf 180 °C vorheizen und ein Backblech mit Backpapier belegen.
- Die Tomaten in Stücke schneiden. Eiweiß und Eigelb trennen. Die Eigelbe in einer Rührschüssel mit 1 EL heißem Wasser verquirlen, bis die Mischung weiß ist.
- Die Butter zerlassen. Stärke, Mehl, Back- und Paprikapulver zugeben und mit Tomatenmark und Butter verrühren.
- Die Eiweiße zu Eischnee schlagen und vorsichtig unterheben.
- Den Teig auf dem vorbereiteten Backblech verstreichen und mit Tomatenstücken belegen. 8 Minuten im vorgeheizten Ofen backen.
- Das Blech aus dem Ofen nehmen und mit einem sauberen, feuchten Küchentuch abdecken. Aufrollen und abkühlen lassen.
- Inzwischen den Schnittlauch klein schneiden und mit dem Frischkäse vermengen, etwas Schnittlauch zum Garnieren beiseitelegen. Wenn die Biskuitrolle abgekühlt ist, wieder aufrollen, mit der Frischkäsemischung bestreichen und fest zusammenrollen. Für 2 Stunden in den Kühlschrank stellen.
- In Scheiben schneiden und mit Schnittlauchröllchen bestreut kalt servieren.

Tomaten-Tacos

VORBEREITEN 10 MIN. | GAREN 10 MIN.

FÜR 10 TACOS

2 große Tortillas
50 g Butter
1 Messerspitze Paprikapulver
200 g Guacamole
240 g frische Cocktailtomaten oder Kirschtomaten aus der Dose (Abtropfgewicht)
100 g Feta
7–8 Stängel Koriander

ZUBEREITUNG

- Den Backofen auf 180 °C vorheizen.
- Aus den Tortillas mit einem Glas zehn Kreise ausstechen. Die Butter zerlassen und die Kreise damit bestreichen. Mit Paprikapulver bestreuen.
- Die Kreise zwischen den Mulden einer umgedrehten Muffinform platzieren. 10 Minuten im vorgeheizten Ofen backen. Abkühlen lassen.
- Die Guacamole in die Tacos füllen.
- Die Tomaten halbieren und in die Tacos geben. Den Käse in Würfel schneiden und den Koriander hacken. Die Tacos mit Käse und Koriander belegen.
- Gekühlt servieren.

Bruschetta

VORBEREITEN 10 MIN. | GAREN 20 MIN.

FÜR 6 PERSONEN

480 g geschälte Tomaten aus der Dose (Abtropfgewicht) oder 4 frische Tomaten
6 Scheiben Brot
180 g Pesto
1 Kugel Mozzarella
3 Scheiben roher Schinken
6 Basilikumblätter

ZUBEREITUNG

- Den Backofen auf 180 °C vorheizen und ein Backblech mit Backpapier belegen.
- Die Dosentomaten in einem Sieb abtropfen lassen und gut auspressen. In Stücke schneiden. Frische Tomaten in Scheiben schneiden.
- Die Brotscheiben mit dem Pesto bestreichen und mit den Tomatenstücken oder -scheiben belegen.
- Den Mozzarella in Scheiben schneiden und auf die Tomaten legen. 20 Minuten im vorgeheizten Ofen backen.
- Die Schinkenscheiben halbieren und die Basilikumblätter hacken. Die Brote aus dem Ofen nehmen und jede Brotscheibe mit einer Schinkenhälfte belegen.
- Mit Basilikum bestreut servieren.

Focaccia

VORBEREITEN 10 MIN. | GAREN 25 MIN.

FÜR 6 PERSONEN

500 g Fertig-Pizzateig
240 g geschälte Tomaten aus der Dose (Abtropfgewicht)
10 schwarze entsteinte Oliven
1 EL Kräuter der Provence
100 g geriebener Mozzarella

ZUBEREITUNG

- Den Backofen auf 200 °C vorheizen und eine hitzebeständige Schüssel mit Wasser in den Ofen stellen.
- Den Pizzateig ausrollen.
- Die Tomaten in kleine Stücke und die Oliven in Ringe schneiden.
- Die Tomatenstücke gleichmäßig in eine Hälfte des Teigs hineindrücken. Mit Olivenringen, Kräutern der Provence und Mozzarella bestreuen.
- Die andere Teighälfte darüberfalten und mit den Fingern am Rand sorgfältig zusammendrücken.
- Ein Backblech mit Backpapier belegen. Die Focaccia darauflegen.
- Den Teig mit einem scharfen Messer einschneiden, damit die Focaccia schöner gart.
- Für eine schöne Bräune die Focaccia nach Belieben mit Olivenöl oder einem verquirlten Eigelb bepinseln.
- 25 Minuten im vorgeheizten Ofen backen.

Aubergine im Teigmantel

VORBEREITEN 20 MIN. | GAREN 20 MIN.

FÜR 6 PERSONEN

480 g geschälte Tomaten aus der Dose (Abtropfgewicht) oder 4 frische Tomaten
1 Aubergine
2 Knoblauchzehen
1 EL Olivenöl
1 EL Kräuter der Provence
Salz, frisch gemahlener Pfeffer
1 Rolle Blätterteig (aus dem Kühlregal)
1 Kugel Mozzarella
1 Eigelb, verquirlt

ZUBEREITUNG

- Die Tomaten abtropfen und in Scheiben schneiden. Die Aubergine würfeln, den Knoblauch abziehen und hacken.
- Das Öl in einer Pfanne erhitzen. Tomaten, Aubergine und Knoblauch darin braten. Mit den Kräutern der Provence bestreuen und mit Salz und Pfeffer würzen. 10–15 Minuten unter Rühren köcheln lassen.
- Den Backofen auf 200 °C vorheizen.
- Den Blätterteig auf Backpapier ausrollen und die Tomatenfüllung längs in einem Streifen in der Mitte verteilen. Den Teig links und rechts neben der Füllung einschneiden, sodass 2 cm breite Fransen entstehen.
- Den Mozzarella in Stücke schneiden und auf die Füllung legen.
- Die Teigfransen abwechselnd von rechts und links über die Füllung legen und fest verschließen. Darauf achten, dass die Füllung gut umschlossen ist.
- Den Teigmantel mit dem Eigelb einpinseln.
- 20 Minuten im vorgeheizten Ofen backen.

Blätterteigsonne

VORBEREITEN 5 MIN. | GAREN 20 MIN.

FÜR 6 PERSONEN

1 halbes Hähnchenbrustfilet
240 g geschälte Tomaten aus der Dose (Abtropfgewicht)
100 g ungesalzene Erdnüsse, gehackt
Salz und Pfeffer
2 Rollen Blätterteig (aus dem Kühlregal)
1 Eigelb, verquirlt

ZUBEREITUNG

- Den Backofen auf 210 °C vorheizen.
- Das Filet in einer beschichteten Pfanne von beiden Seiten durchbraten. Dann herausheben, fein zerkleinern und beiseitelegen.
- Die Tomaten abtropfen lassen und in derselben Pfanne braten, bis die Flüssigkeit verdampft ist. Hähnchenfleisch und die Hälfte der Erdnüsse untermischen. Mit Salz und Pfeffer abschmecken.
- 1 Blätterteig auf einem mit Backpapier ausgelegten Backblech ausrollen. Die Tomatenmischung gleichmäßig darauf verteilen.
- Mit dem zweiten Blätterteig bedecken und die Ränder zusammendrücken.
- Ein Trinkglas in die Mitte stellen. Den Teig wie eine Torte bis zum Trinkglas in 16 Stücke schneiden und jedes Stück verdrehen. Das Trinkglas wieder entfernen und den Kranz mit dem Eigelb bestreichen.
- Mit den restlichen Erdnüsse bestreuen.
- 20 Minuten im vorgeheizten Ofen backen.

Spinatkranz mit Pinienkernen

VORBEREITEN 10 MIN. | GAREN 20 MIN.

FÜR 6 PERSONEN

1 Rolle Blätterteig (aus dem Kühlregal)
240 g frische Cocktailtomaten oder Kirschtomaten aus der Dose (Abtropfgewicht)
100 g Feta
½ Zucchini
100 g Kräuterfrischkäse mit Knoblauch
150 g frischer Spinat
1 EL Pinienkerne
1 Eigelb, verquirlt

ZUBEREITUNG

- Den Backofen auf 210 °C vorheizen.
- Den Teig auf einem mit Backpapier ausgelegten Backblech rund ausrollen.
- Von der Teigmitte ausgehend den Teig 8-mal gleichmäßig verteilt nach außen einschneiden, dabei außen einen Rand von 9–10 cm lassen.
- Die Tomaten halbieren, den Feta würfeln und die Zucchini in Scheiben schneiden. Den Randstreifen mit Frischkäse bestreichen, dann eine Schicht Spinat und Zucchini darauflegen und Tomatenhälften, Fetawürfel und Pinienkerne darauf verteilen.
- Die Teigeinschnitte von der Mitte ausgehend nach außen über den Rand falten, sodass Dreiecke entstehen.
- Den Teig mit Eigelb bestreichen und 20 Minuten im Ofen backen.
- Warm oder heiß servieren.

Streuselkuchen mit Tomaten & Chorizo

VORBEREITEN 20 MIN. | GAREN 45 MIN.

FÜR 6 PERSONEN

90 g Mehl
½ Päckchen Backpulver
2 Eier
1 Spritzer Olivenöl
50 ml Milch
75 g milder Bergkäse, gewürfelt
150 g Chorizo, gewürfelt
1 Knoblauchzehe
960 g geschälte Tomaten aus der Dose (Abtropfgewicht) oder 8 frische Tomaten
8 Basilikumblätter

Für die Streusel:
50 g Semmelbrösel
50 g Butter
50 g milder Bergkäse, gerieben

ZUBEREITUNG

- Den Backofen auf 180 °C vorheizen.
- Mehl, Backpulver, Eier, Öl und Milch in einer Schüssel verrühren.
- Käse und Wurst untermischen.
- Den Knoblauch abziehen und hacken. Olivenöl in einer Pfanne erhitzen und Tomaten, Knoblauch und Basilikum darin köcheln, bis die Flüssigkeit verdampft ist.
- Eine Kastenform mit Backpapier auslegen, die Teigmischung hineinfüllen und die Tomatensauce darübergeben.
- Semmelbrösel, Butter und Käse mischen und darüberstreuen.
- 45 Minuten im vorgeheizten Ofen backen.
- Heiß oder kalt servieren.

Herzhafter Kuchen mit Kürbiskernen

VORBEREITEN 10 MIN. | GAREN 45 MIN.

FÜR 6 PERSONEN

90 ml + 1 EL Olivenöl
100 g geschälte Tomaten aus der Dose (Abtropfgewicht)
Salz, frisch gemahlener Pfeffer
3 Eier
150 g Mehl
1 Päckchen Trockenhefe
125 ml Milch
100 g geriebener Emmentaler
2 EL Pesto
25 g Kürbiskerne
5 getrocknete Tomaten, gehackt

ZUBEREITUNG

- Den Backofen auf 180 °C vorheizen. Eine Kastenform mit Backpapier auslegen.
- Die geschälten Tomaten abtropfen lassen und würfeln. 1 Esslöffel Olivenöl in einer Pfanne erhitzen und die Tomaten darin köcheln, bis die Flüssigkeit verdunstet ist. Salzen und pfeffern.
- Eier, Mehl, Hefe, Milch und Öl in einer Rührschüssel vermischen.
- Käse, Pesto, Dosentomaten, Kürbiskerne und getrocknete Tomaten unterheben.
- Den Teig in die vorbereitete Kastenform geben und 45 Minuten im vorgeheizten Ofen backen.
- Für kleine Küchlein den Teig in eine gefettete Muffinform füllen und 15–20 Minuten backen.

Bloody-Mary-Granita

VORBEREITEN 5 MIN. | TIEFKÜHLEN 2 STD.

FÜR 1 COCKTAIL

120 g geschälte Tomaten aus der Dose (Abtropfgewicht)
5 ml Zitronensaft
5 ml Worcestershire-Sauce
2 Tropfen Tabasco
40 ml Wodka
Selleriesalz

ZUBEREITUNG

- Tomaten, Zitronensaft, Worcestershire-Sauce und Tabasco in einem Mixer pürieren.
- In eine Eiswürfelform gießen und mindestens 2 Stunden tiefkühlen.
- Sobald die Tomatenmischung gefroren ist, aus der Form nehmen und mit Wodka und Selleriesalz im Mixer pürieren.
- Sofort servieren.

Gazpacho

VORBEREITEN 10 MIN. | KÜHLEN 1 STD.

FÜR 4 PERSONEN

1 Gurke
1 rote Paprika
1 gelbe Paprika
2 Zwiebeln
1 Knoblauchzehe
960 g geschälte Tomaten aus der Dose (Abtropfgewicht) oder 8 frische Tomaten
3 Zitronen
6 EL Essig
120 ml Olivenöl
3 Stängel Basilikum
1 Messerspitze Cayenne-Pfeffer
Salz, frisch gemahlener Pfeffer

ZUBEREITUNG

- Die Gurke schälen und die Paprika entkernen, dann klein schneiden. Zwiebeln und Knoblauch abziehen und hacken.
- Alle Zutaten in den Mixer geben und pürieren. Nach Belieben mit Cayenne-Pfeffer, Salz und Pfeffer abschmecken.
- Wenn die Gazpacho zu dickflüssig ist, etwas Wasser hinzufügen.
- Mindestens 1 Stunde in den Kühlschrank stellen.

Tomatensüppchen

VORBEREITEN 10 MIN. | GAREN 30 MIN.

FÜR 6 PERSONEN

4 Kartoffeln
3 Karotten
2 Zwiebeln
1 Knoblauchzehe
960 g geschälte Tomaten aus der Dose mit Saft (Füllgewicht)
2 EL Olivenöl
2 TL Zucker
1 TL Kräuter der Provence
Salz, frisch gemahlener Pfeffer
2 EL Crème fraîche
gehackte Petersilie

ZUBEREITUNG

- Kartoffeln und Karotten schälen und klein schneiden. Zwiebeln und Knoblauch abziehen und hacken.
- Die Tomaten samt Saft in einen großen Topf geben.
- Kartoffeln, Karotten, Zwiebeln und Knoblauch zu den Tomaten geben und alles mit Wasser bedecken. Zum Kochen bringen.
- Olivenöl, Zucker und Kräuter der Provence zufügen und alles mit Salz und Pfeffer würzen.
- 30 Minuten köcheln lassen.
- Die Suppe leicht abkühlen lassen und pürieren.
- Mit Crème fraîche und Petersilie garnieren und servieren.

Avocadotörtchen

VORBEREITEN 10 MIN.

FÜR 1 TÖRTCHEN

1 Avocado
½ Zwiebel
1 Knoblauchzehe
4 Stängel Koriander
2 Limetten
240 g geschälte Tomaten aus der Dose (Abtropfgewicht) oder 2 frische Tomaten
1 Reiswaffel oder 1 Scheibe Toast
Salz, frisch gemahlener Pfeffer

ZUBEREITUNG

- Die Avocado schälen und entkernen. Zwiebel und Knoblauch abziehen und fein hacken, die Limetten auspressen und 2 Korianderstängel hacken. Die Tomaten gut abtropfen lassen und fein würfeln.
- ¾ der Avocado und die Zwiebel mit Limettensaft und gehacktem Koriander zerdrücken. Mit Salz und Pfeffer abschmecken.
- 1 weiteren Korianderstängel hacken und mit Tomaten und Knoblauch vermischen.
- Eine Form, z.B. eine Schüssel oder Tasse, in der Größe der Reiswaffel mit Frischhaltefolie auslegen.
- Falls verwendet, den Toast zurechtschneiden.
- Die Tomatenmischung in die Form füllen und fest andrücken. Darüber die Avocadomischung schichten und mit der Reiswaffel oder dem Toast abschließen. Alles gut andrücken.
- Einen Servierteller auf die Form legen und wenden. Die Form vorsichtig entfernen und die Folie abziehen.
- Die restliche Avocado in Streifen schneiden und die Törtchen mit Avocadostreifen und Korianderblättchen garnieren.

Tomaten-Tarte

VORBEREITEN 10 MIN. | GAREN 20 MIN.

FÜR 6 PERSONEN

960 g geschälte Tomaten aus der Dose (Abtropfgewicht) oder 8 frische Tomaten
50 g Butter, zerlassen
3 EL Balsamico-Essig
2 EL Olivenöl
1 EL Zucker
1 Rolle Blätterteig (aus dem Kühlregal)
geriebener Parmesan
gehackter Basilikum

ZUBEREITUNG

- Die Dosentomaten 10 Minuten in einem Sieb über einer Schüssel abtropfen lassen.
- Die frischen Tomaten halbieren.
- Butter, Essig, Olivenöl und Zucker in einen Topf geben und auf kleiner Stufe erhitzen. Die Tomaten zugeben und 2–3 Minuten darin ziehen lassen.
- Die Tomaten herausnehmen und beiseitestellen. Die Sauce in eine mit Backpapier ausgekleidete Tarteform gießen.
- Die Tomaten schön gleichmäßig liegend in der Form anordnen.
- Mit dem ausgerollten Blätterteig abdecken, die Ränder etwas nach unten klappen und 20 Minuten im vorgeheizten Ofen backen.
- Leicht abkühlen lassen, einen großen Teller auflegen und wenden. Die Kuchenform entfernen.
- Mit Parmesan und Basilikum garniert servieren.

Tomaten-Mozzarella-Tarte

VORBEREITEN 10 MIN. | GAREN 25 MIN.

FÜR 8 PERSONEN

1 Rolle Blätterteig (aus dem Kühlregal)
960 g geschälte Tomaten aus der Dose (Abtropfgewicht)
1 EL Kräuter der Provence
Salz, frisch gemahlener Pfeffer
2 EL Senf
3 Scheiben Kochschinken
1 Kugel Mozzarella

ZUBEREITUNG

- Den Backofen auf 210 °C vorheizen. Eine Tarteform einfetten.
- Die Tomaten abtropfen lassen und kurz in einer Pfanne anbraten. Mit Kräutern der Provence, Salz und Pfeffer würzen. Köcheln, bis die Flüssigkeit verdunstet ist.
- Den Blätterteig ausrollen und die vorbereitete Kuchenform damit auslegen. Den Teig mit einer Gabel einstechen.
- Den Senf gleichmäßig auf dem Teig verstreichen.
- Die Schinkenscheiben darauflegen.
- Die Tomatenmischung gleichmäßig darauf verteilen.
- Den Mozzarella in dünne Scheiben schneiden und auf die Tomaten legen.
- 20 Minuten im vorgeheizten Ofen backen.
- Mit einem Beilagensalat heiß servieren.

Tarte mit Thunfisch & Käse

VORBEREITEN 20 MIN. | GAREN 30 MIN.

FÜR 6 PERSONEN

1 Rolle Mürbeteig (aus dem Kühlregal)
240 g geschälte Tomaten aus der Dose (Abtropfgewicht) oder 2 frische Tomaten
1 Zwiebel
30 ml Olivenöl
280 g Thunfisch im eigenen Saft
3 Eier
100 g Sahne
50 g geriebener Mozzarella
150 g Frischkäse
1 EL Basilikum

ZUBEREITUNG

- Den Backofen auf 200 °C vorheizen. Eine Tarteform einfetten.
- Die Kuchenform mit dem Mürbeteig auslegen und mit einer Gabel einstechen.
- Die Tomaten in Scheiben schneiden, die Zwiebel abziehen und hacken.
- Das Olivenöl in einer Pfanne erhitzen und die Zwiebel darin glasig dünsten.
- Zwiebel, Tomaten und zerzupften Thunfisch gleichmäßig auf dem Teig verteilen.
- Die übrigen Zutaten in einer Schüssel verrühren und über den Teig geben.
- 30 Minuten im vorgeheizten Ofen backen (40 Minuten bei der Verwendung von frischen Tomaten).

Auflauf mit Cocktailtomaten

VORBEREITEN 5 MIN. | GAREN 25 MIN.

FÜR 4 PERSONEN

30 frische Cocktailtomaten oder Kirschtomaten aus der Dose
3 Eier
125 g Mehl
50 g geriebener Parmesan
1 EL grünes Pesto
250 ml Milch

ZUBEREITUNG

- Den Backofen auf 200 °C vorheizen.
- Die abgetropften Tomaten in eine Auflaufform geben.
- Eier, Mehl, Parmesan und Pesto in einer Schüssel vermengen. Nach und nach unter Rühren die Milch zugießen, bis die Mischung glatt ist.
- Die Mischung in die Auflaufform geben.
- 25 Minuten im vorgeheizten Ofen backen.
- Heiß oder kalt mit einem Salat servieren.

Schichtauflauf mit Streuseln

VORBEREITEN 10 MIN. | GAREN 8 MIN.

FÜR 2 PERSONEN

2 Schalotten
1 Knoblauchzehe
2 EL Olivenöl
480 g geschälte Tomaten aus der Dose (Abtropfgewicht) oder 4 frische Tomaten
12 Basilikumblätter
1 Prise Zucker
Salz, frisch gemahlener Pfeffer
150 g Frischkäse
1 EL grünes Pesto

Für die Streusel:
70 g Mehl
70 g Butter
70 g Parmesan
3 EL Semmelbrösel

ZUBEREITUNG

- Den Backofen auf 200 °C vorheizen.
- Schalotten und Knoblauch abziehen und hacken. Olivenöl in einer Pfanne erhitzen Schalotten und Knoblauch darin anbraten.
- Die Tomaten würfeln und mit dem Basilikum hinzufügen. Mit Zucker, Salz und Pfeffer abschmecken.
- Bei geringer Hitze köcheln lassen, bis die Flüssigkeit verdampft ist. Vom Herd nehmen und abkühlen lassen.
- Inzwischen Frischkäse und Pesto in einer Schüssel glatt rühren.
- Die Hälfte der Tomatensauce in eine Auflaufform geben und die Hälfte der Frischkäsemischung darüberschichten. Die andere Hälfte der Tomatensauce und die restliche Frischkäsemischung ebenso darauf verteilen und beiseitestellen. Alternativ in mehrere kleine Gläser schichten.
- Für die Streusel alle Zutaten verkneten, bis die Mischung krümelig ist.
- Die Streusel als letzte Schicht auf dem Auflauf verteilen.
- 8 Minuten im vorgeheizten Ofen backen.
- Warm oder kalt servieren.

Tomatenflan

VORBEREITEN 10 MIN. | GAREN 25 MIN.

FÜR 6 PERSONEN

200 g gehackte Tomaten aus der Dose (Abtropfgewicht)
120 g Mozzarella
6 Basilikumblätter
2 Eier
Salz, frisch gemahlener Pfeffer
1 Rolle Blätterteig (aus dem Kühlregal)

ZUBEREITUNG

- Den Backofen auf 190 °C vorheizen.
- Die Tomaten in einem Topf erhitzen. Den Mozzarella in Stücke schneiden und das Basilikum hacken. Den Mozzarella und die Hälfte des Basilikums unter die Tomaten rühren.
- Die Eier in einer großen Schüssel verquirlen und nach und nach die Tomatensauce einrühren. Mit Salz und Pfeffer abschmecken.
- Den Blätterteig ausrollen und in einer Backform auslegen, mit einer Gabel mehrmals einstechen und die Tomatensauce hineinfüllen.
- 25 Minuten im vorgeheizten Ofen backen.
- Aus dem Ofen nehmen und mit dem übrigen Basilikum garnieren.
- Warm oder kalt servieren.

Tomatenflan mit Zucchini

VORBEREITEN 20 MIN. | GAREN 40 MIN.

FÜR 6 PERSONEN

6 Zucchini
480 g geschälte Tomaten aus der Dose (Abtropfgewicht)
oder 4 frische Tomaten
2 Knoblauchzehen
110 g Feta
1 EL Olivenöl
4 Eier
200 ml Milch
100 g Sahne
50 g Speisestärke

ZUBEREITUNG

- Den Backofen auf 180 °C vorheizen.
- Die Hälfte der Zucchini längs mit einem Sparschäler in feine Streifen schneiden und auf ein Backrost legen. 10 Minuten im vorgeheizten Ofen rösten, nach der Hälfte der Zeit wenden.
- Restliche Zucchini und Tomaten würfeln. Den Knoblauch abziehen und hacken. Den Feta würfeln.
- Das Öl in einer Pfanne erhitzen und Zucchini, Tomaten und Knoblauch darin unter gelegentlichem Rühren 10–15 Minuten dünsten.
- Die Zucchinistreifen in Blütenform oder einer mit Backpapier ausgekleideten Tarteform so anordnen, dass sie ein paar Zentimeter über den Rand hinausragen.
- Eier, Milch, Sahne und Stärke in einer Schüssel verrühren. Tomaten-Zucchini-Mischung und Feta unterziehen.
- Die Mischung in die Backform geben. Über den Rand hinausragende Zucchinistreifen über die Füllung falten.
- Die Ofentemperatur auf 200 °C erhöhen und den Flan 40 Minuten backen.

Cannelloni all'arrabbiata

VORBEREITEN 15 MIN. | GAREN 50 MIN.

FÜR 4 PERSONEN

300 g Cannelloni
2 große Zwiebeln
2 Schalotten
3 Knoblauchzehen
960 g geschälte Tomaten aus der Dose (Abtropfgewicht)
1 rote Paprikaschote
1 TL Olivenöl
2 TL Tomatenmark
5 Tropfen Tabasco
1 EL Balsamico-Essig
175 g geriebener Mozzarella
18 kleine Kugeln Mozzarella

ZUBEREITUNG

- Die Nudeln nach Packungsangabe gar kochen und abkühlen lassen.
- Inzwischen Zwiebeln, Schalotten und Knoblauch abziehen und hacken.
- Die Tomaten abtropfen lassen und in Stücke schneiden. Die Paprika entkernen und ebenfalls in Stücke schneiden.
- Das Olivenöl in einer Pfanne erhitzen und das Gemüse darin anbraten.
- Alle anderen Zutaten bis auf den Käse hinzufügen und die Sauce 25 Minuten sanft köcheln lassen.
- Den Backofen auf 180 °C vorheizen.
- Die Cannelloni mit der Sauce füllen und jede Öffnung mit einer Mozzarellakugel verschließen. Etwas Sauce übrig lassen.
- Die restliche Sauce in eine Auflaufform gießen und die gefüllte Pasta hineinlegen. Mit dem geriebenen Mozzarella bestreuen.
- 25 Minuten im vorgeheizten Ofen backen.
- Heiß servieren.

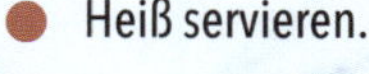

Party-Häppchen

VORBEREITEN 10 MIN. | GAREN 30 MIN.

FÜR 9 HÄPPCHEN

1 Knoblauchzehe
1 Lorbeerblatt
240 g geschälte Tomaten aus der Dose (Abtropfgewicht)
3 Eier
90 g Mehl
80 g entkernte schwarze Oliven

Für den Belag:
250 g Ricotta
1 TL getrocknetes Basilikum
Salz, frisch gemahlener Pfeffer
1 Ei
20 g Mehl
1 EL frisches Basilikum, klein geschnitten

ZUBEREITUNG

- Den Backofen auf 180 °C vorheizen.
- Den Knoblauch abziehen und hacken. Tomaten klein schneiden und mit Knoblauch und Lorbeerblatt in einen Topf geben. 10 Minuten dünsten.
- Das Lorbeerblatt entfernen und alles umrühren.
- Die Eier mit dem Mehl in einer großen Schüssel verrühren und die Tomatensauce unterziehen. Mit Salz und Pfeffer würzen und gut umrühren.
- Die Oliven hacken und in die Mischung rühren. Die Mischung in eine eckige Backform füllen.
- Ricotta und getrocknetes Basilikum vermischen und mit Salz und Pfeffer abschmecken. Dann Ei und Mehl einrühren.
- Die Masse in einen Spritzbeutel oder in einen Gefrierbeutel füllen. Eine Ecke des Gefrierbeutels knapp abschneiden.
- Die Masse gleichmäßig über der Tomatenmischung verteilen.
- 25–30 Minuten im vorgeheizten Ofen backen.
- Leicht abkühlen lassen und in Rechtecke oder Mini-Würfel schneiden, mit frischem Basilikum bestreuen.
- Heiß, warm oder kalt servieren.

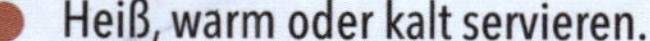

Polentaklöße mit Tomatensauce

VORBEREITEN 20 MIN. | GAREN 30 MIN.

FÜR 6 PERSONEN

2 Zwiebeln
3 EL Olivenöl
960 g geschälte Tomaten aus der Dose (Abtropfgewicht), zerdrückt
1 EL Kräuter der Provence
Salz, frisch gemahlener Pfeffer
250 g Polenta
120 g geriebener Gruyère

ZUBEREITUNG

- Die Zwiebeln abziehen und fein würfeln. Das Olivenöl in einer Pfanne erhitzen und die Zwiebeln darin dünsten.
- Tomaten und Kräuter der Provence hinzufügen. Mit Salz und Pfeffer abschmecken.
- 30 Minuten unter regelmäßigem Rühren köcheln lassen.
- Inzwischen 1,5 Liter gesalzenes Wasser in einem Topf zum Kochen bringen. Die Polenta langsam einrieseln lassen.
- 25 Minuten köcheln lassen, dabei regelmäßig vorsichtig umrühren. Die Polenta sollte kompakt und formbar sein. Den Gruyère unterrühren.
- Aus der Polentamasse mithilfe von 2 Esslöffeln längliche Klöße formen und diese mit der Tomatensauce heiß servieren.

Zucchini-Cannelloni

VORBEREITEN 20 MIN. | GAREN 35 MIN.

FÜR 4 PERSONEN

2 Zwiebeln
3 Knoblauchzehen
1 EL Olivenöl
500 g Rinderhackfleisch
480 g geschälte Tomaten aus der Dose (Abtropfgewicht) oder 4 frische Tomaten
2 TL Zucker
3 TL Kräuter der Provence
1 TL frisch gehackte Petersilie
Salz, frisch gemahlener Pfeffer
4 Zucchini
75 g geriebener Mozzarella
400 g Crème fraîche
140 g Tomatenmark

ZUBEREITUNG

- Zwiebeln und Knoblauch abziehen und hacken. Das Öl in einer Pfanne erhitzen und Zwiebeln und Knoblauch darin dünsten.
- Das Hackfleisch hinzufügen und anbräunen. Gelegentlich umrühren.
- Die Tomaten klein würfeln und mit Zucker und den Kräutern in die Tomatenmischung geben. Mit Salz und Pfeffer abschmecken.
- Etwas einkochen lassen, dann vom Herd nehmen.
- Die Zucchini längs mit einem Sparschäler in feine Streifen schneiden.
- Auf jedem Zucchinistreifen etwas Fleischmischung verteilen und diese mit Mozzarella bestreuen.
- Die Zucchini aufrollen und senkrecht in eine Auflaufform stellen.
- Den Backofen auf 200 °C vorheizen.
- Die Crème fraîche erwärmen und das Tomatenmark einrühren. Salzen und pfeffern. Die Sauce über den Zucchini verteilen.
- 35 Minuten im vorgeheizten Ofen backen.
- Heiß servieren.

Tomatencurry

VORBEREITEN 10 MIN. | GAREN 25 MIN.

FÜR 4 PERSONEN

960 g geschälte Tomaten aus der Dose (Abtropfgewicht)
2 grüne Paprikaschoten
5 Knoblauchzehen
1 Zwiebel
6 EL Olivenöl
4 TL Currypulver (Schärfe nach Belieben)
1 TL Salz
½ Bund Koriander

ZUBEREITUNG

- Die Tomaten abtropfen lassen und den Saft auffangen. Die Tomaten vierteln.
- Die Paprika entkernen und in dünne Streifen schneiden. Knoblauch und Zwiebel abziehen und hacken.
- Das Olivenöl in einer Pfanne erhitzen und die Hälfte des Knoblauchs sowie die Zwiebel darin 5 Minuten dünsten.
- Currypulver, Paprika, Tomatensaft und 150 ml Wasser zufügen. Auf kleiner Stufe 10 Minuten köcheln lassen.
- Tomatenviertel und restlichen Knoblauch hinzufügen. 10 Minuten weiterköcheln lassen, dabei regelmäßig rühren.
- Den Koriander hacken und über das Curry streuen.
- Mit Reis, Couscous oder Bulgur servieren.

Lasagne

VORBEREITEN 25 MIN. | GAREN 2 STD. 40 MIN.

FÜR 6 PERSONEN

350 g Lasagne-Nudeln

Für die Tomatensauce:
1 Karotte
1 Zwiebel
1 Stange Sellerie
½ Bund Petersilie
1 EL Olivenöl
100 g gewürfelten Speck
300 g Wurstbrät
500 g Rinderhackfleisch
100 ml Rotwein
200 ml Milch
700 g gehackte Tomaten aus der Dose (Füllgewicht)
120 g frische Cocktailtomaten oder Kirschtomaten aus der Dose (Füllgewicht)

Für die Béchamelsauce:
100 g Butter
100 g Mehl
1 l Milch
Salz, frisch gemahlener Pfeffer
1 gestrichener TL geriebene Muskatnuss
100 g geriebener Mozzarella

ZUBEREITUNG

- Karotte und Zwiebel schälen und mit dem Sellerie in Würfel schneiden. Die Petersilie hacken.
- Das Olivenöl in einem Schmortopf erhitzen und den Speck darin auslassen. Das Gemüse einrühren.
- Wurstbrät und Hackfleisch zugeben und gut vermischen. Den Wein zugießen und unter Rühren einkochen lassen, bis er verdampft ist.
- Die Milch angießen und unter Rühren einkochen lassen, bis die Flüssigkeit verdampft ist.
- Tomaten, Petersilie und 200 ml Wasser einrühren. Abgedeckt 2 Stunden köcheln lassen.
- Inzwischen für die Béchamelsauce die Butter in einem Topf zerlassen. Das Mehl einstreuen und rühren. Es sollte nicht bräunen. Unter Rühren die Milch zugießen. Mit Salz, Pfeffer und Muskat abschmecken. So lange köcheln lassen, bis die Sauce eindickt.
- Den Backofen auf 180 °C vorheizen.
- In eine gefettete Auflaufform eine Schicht Lasagne-Blätter legen. Darüber Tomatensauce verteilen und mit Béchamelsauce abschließen. Die Schichten wiederholen, bis alles aufgebraucht ist. Über die letzte Nudelschicht nur Béchamelsauce geben und diese mit Mozzarella bestreuen.
- 40 Minuten im vorgeheizten Ofen backen.
- Heiß servieren.

Chili con carne

VORBEREITEN 10 MIN. | GAREN 40 MIN.

FÜR 6 PERSONEN

2 Zwiebeln
2 Knoblauchzehen
40 g Butter
500 g Rinderhackfleisch
1 große Dose Kidney-Bohnen, abgetropft
2 TL Kreuzkümmelpulver
Cayenne-Pfeffer nach Belieben
80 g Tomatenmark
240 g gehackte Tomaten aus der Dose (Füllgewicht)
300 ml Rinderbrühe
Petersilie, zum Garnieren

ZUBEREITUNG

- Den Backofen auf 180 °C vorheizen.
- Zwiebeln und Knoblauch abziehen und hacken. Die Butter in einem Schmortopf erhitzen und Zwiebeln und Knoblauch darin dünsten.
- Das Rindfleisch hinzufügen und unter Rühren 10 Minuten braten.
- Alle anderen Zutaten sorgfältig unterrühren.
- 25 Minuten bei geschlossenem Deckel köcheln lassen.
- Mit Petersilie garniert servieren.

Gemüselasagne

VORBEREITEN 20 MIN. | GAREN 40 MIN.

FÜR 8 PERSONEN

4 Zucchini
4 EL Olivenöl
1 Aubergine
1 Knoblauchzehe
½ Bund Basilikum
1,2 kg geschälte Tomaten aus der Dose (Abtropfgewicht) oder 10 frische Tomaten
500 g Ricotta
Salz, frisch gemahlener Pfeffer
100 g geriebener Mozzarella

ZUBEREITUNG

- Die Zucchini längs mit einem Sparschäler in Streifen schneiden. Mit 3 Esslöffeln Olivenöl einpinseln und auf ein Backrost legen. 15 Minuten im vorgeheizten Ofen rösten, nach der Hälfte der Zeit wenden.
- Die Aubergine würfeln. Den Knoblauch abziehen und zusammen mit dem Basilikum hacken.
- Das übrige Olivenöl in einer Pfanne erhitzen und Tomaten und Aubergine darin braten.
- Knoblauch und Basilikum hinzufügen.
- Den Backofen auf 180 °C vorheizen.
- Den Boden einer gefetteten Auflaufform mit Zucchinistreifen bedecken. Darauf eine Schicht Ricotta verstreichen. Salzen und pfeffern. Etwas Tomatensauce darübergeben und darauf wieder eine Schicht Zucchinistreifen auslegen. So fortfahren, bis alle Zutaten aufgebraucht sind.
- Zum Abschluss eine Schicht Zucchinistreifen auflegen und diese mit dem Mozzarella bestreuen.
- 25 Minuten im vorgeheizten Ofen garen.

DANKSAGUNG

Ich danke Emmanuel und Fanny sowie dem gesamten Team von Marabout für ihr Vertrauen in mich und ihre Motivation!
Danke an David und Christine!
Ein großes Dankeschön an Francis, der für mich seine Regale geplündert hat und ein großartiger Vorkoster war.
Dank an Élo und Hubert, die Könige der Tartes!

ISBN 978-3-8094-4181-6

1. Auflage

Originaltitel: Juste une boîte de tomates pelées

Rezepte: Guillaume Marinette
Fotos: David Japy
Styling: Christine Legeret

Umschlaggestaltung: Atelier Versen, Bad Aibling
Herstellung: Elke Cramer
Projektleitung: Anja Halveland

Realisierung der deutschen Ausgabe: trans texas publishing services GmbH, Köln
Übersetzung: Antje Seidel, Köln

Satz: trans texas publishing services GmbH, Köln
Druck + Bindung: DZS Grafik d.o.o., Ljubljana

Printed in Slovenia

Verlagsgruppe Random House FSC © N001967